Religion

SAINT-SIMONIENNE.

Église de Toulouse.

Enseignement de l'Athénée.

AVENIR DE LA FEMME.

Publications

sur la

RELIGION SAINT-SIMONIENNE.

———

LE GLOBE, journal quotidien de la *Religion Saint-Simonienne*: prix d'abonnement : 80 fr. pour un an ; 40 fr. pour six mois ; 20 fr. pour trois mois ; 7 fr. pour un mois ;

L'ORGANISATEUR, gazette hebdomadaire des *Saints-Simoniens* ; prix d'abonnement, 25 fr. pour un an ; 15 fr. pour six mois ; 7 fr. pour trois mois :

L'ORGANISATEUR BELGE, journal de la *Religion Saint-Simonienne*, paraît tous les dimanches à Bruxelles. — Prix d'abonnement, 12 florins (26 fr.) pour un an ; 6 florins (13 fr.) pour six mois ; 3 florins (6 fr. pour trois mois.

———

Les personnes qui désireraient avoir des éclaircissemens sur la Doctrine, peuvent se présenter, tous les jours, excepté le dimanche, de 2 à 5 heures, rue Pargaminières , n° 76.

On y trouve tous les Ouvrages qui ont été publiés sur la Doctrine.

RELIGION

SAINT-SIMONIENNE.

ÉGLISE DE TOULOUSE.

Enseignement de l'Athénée.

Avenir de la Femme.

TOULOUSE,

Des Presses d'Aug. Henault.

RUE SAINT-ROME, N° 7.

1831.

RELIGION

SAINT-SIMONIENNE.

ÉGLISE DE TOULOUSE.

AVENIR DE LA FEMME.

Quand on remonte le cours des temps historiques afin d'y chercher dans l'observation des faits, la vérification de la loi du progrès, on rencontre certaines époques où les institutions religieuses et politiques s'occupent de prévoir, de régler, et de mettre en harmonie les faits, les plus individuels aussi bien que les plus généraux : le principe qui régit le corps politique gouverne aussi l'intérieur de la famille : Vers une même œuvre, convergent les efforts du plus obscur individu comme du plus élevé : OEuvre sociale accomplie par les travaux divers mais harmoniques de tous. D'une même source découle la morale publique et la morale privée : point de différence entre l'utile et le juste ; car chacun appelle utile et juste, ce qui concourt à l'accomplissement de l'œuvre sociale.

Ces époques sont suivies d'époques marquées d'un caractère bien opposé : l'absence d'une œuvre commune aimée de tous s'y fait partout sentir ; la multiplicité des intérêts particuliers empêche alors qu'il existe un intérêt général qui soit en même-temps l'intérêt de tous et de chacun. L'unité qui ne se trouve plus dans le but disparaît aussi dans les efforts. Alors la séparation s'opère entre le juste et l'utile ; le juste, c'est ce qui reste conforme à l'ancienne règle morale encore subsistante ; l'utile est ce qui devient favorable aux intérêts nouveaux, auxquels cette loi morale ne donne point satis-faction. Le même principe ne règle plus les familles sur le modèle du corps politique ; car chaque famille adopte, selon la diversité de ses intérêts, un principe divers ; et le corps politique, qui finit bientôt par perdre le sien, cesse, à proprement parler, de former un corps.

A ces caractères de lutte entre les individus, de con-currence entre les intérêts, d'absence de lien social, de dissolution du corps politique, il est peu difficile de recon-naître l'époque à la fin de laquelle nous vivons.

Aussi de toutes parts aujourd'hui retentit le langage des époques critiques : des milliers de voix réclament la non-intervention du gouvernement dans les relations des individus entr'eux ; chacun veut, à sa guise et selon son, intérêt propre, régler lui-même autant que faire se peut. ses rapports avec les autres hommes : chacun ne veut ren-dre compte à qui que ce soit de ses actes , de ses pensées , de ses désirs ; chacun en un mot veut vivre dans le plus complet individualisme.

Alors on dit et on imprime, que les gouvernemens sont les *ulcères* malheureusement inévitables du corps social ; que le meilleur gouvernement est celui qui se mêle le moins des individus, c'est-à-dire celui qui gouverne le moins ; que les fonctions gouvernementales doivent se borner à réprimer ; que l'on ne saurait contre elles armer les indi-vidus de trop de méfiance et de garanties, apporter trop d'entraves à leur exercice.

Et ce n'est point sans motif légitime que l'on se cuirasse ainsi de méfiance contre l'action gouvernementale : à une époque en effet où le principe social ancien ne vaut plus rien , sans qu'un principe nouveau ait été encore produit. Que fera le gouvernement ? Qu'il revienne au principe ancien, son action sera nuisible et rétrograde : qu'il cherche à marcher en avant, il marche en tâtonnant, et son action, si elle n'est point destructive, reste au moins aveugle et fortuite. Le meilleur service qu'il puisse rendre c'est de *laisser faire et de laisser passer*, de se borner à maintenir le bon ordre et la police, autant du moins qu'il est possible de maintenir l'ordre là où il n'y a point de but, et la police là où il n'y a point de corps social.

Mais un pareil état de choses ne peut rester durable, car les hommes ne font de progrès qu'en s'associant. Or, d'association entre les hommes, il n'en peut exister , qu'en vue d'un but nettement déterminé ; et toute marche vers un but suppose une direction d'efforts, c'est-à-dire un véritable gouvernement.

Voilà pourquoi nous ne réclamons la foi et l'assentiment des hommes qu'au nom du principe social que Saint-Simon est venu proclamer ; car la foi et l'assentiment ne s'obtiennent pas autrement. Et c'est parce que nous apportons un principe social, que notre doctrine ne s'occupe pas moins de régler les faits individuels que les faits généraux, d'organiser l'intérieur des familles que de conduire la marche la plus générale des sociétés. Car, l'homme étant fait pour la société il n'y a rien de plus individuel que ce qui est social, ni rien de plus social que ce qui est individuel.

L'homme qui voudrait sacrifier à la société l'individu, ne tomberait point dans une erreur moins grande que celui qui voudrait faire à l'individu le sacrifice de la société. Et cependant on nous accuse bien plus de sacrifice et d'abnégation que d'égoïsme : on s'écrie de toute part qu'à *l'arbitraire social* nous voulons immoler la *personnalité* ; que nous voulons dépouiller les hommes de leur virtualité propre et originale, pour les jeter tous au même moule ; former enfin une société, qui ressemblerait assez à une vaste machine dans laquelle les roues s'engrainent aux roues, sans volonté, sans amour, sans intérêt, et selon le caprice et le profit du possesseur.

Ces accusations sont peu surprenantes : outre que les esprits, encore pleins d'irritation et d'un courroux fort légitime contre les institutions anciennes, s'imaginent en voir la résurrection chaque fois que l'on parle de réorganiser la société, l'enseignement que nous avons fait jusqu'ici a bien plutôt présenté l'aspect social de nos doctrines que leur aspect individuel.

Il y a deux mois, en ouvrant nos séances, nous vous avions annoncé qu'en sortant du terrain purement scientifique sur lequel l'enseignement Saint-Simonien avait dû jusqu'alors se tenir, la direction nouvelle qu'il allait prendre, l'amenait à s'occuper, tantôt des relations les plus générales, qui dans l'avenir uniraient les diverses parties du corps social, tantôt des relations particulières, qui, dans l'intérieur de chaque corps, doivent relier entr'eux les individus.

De ce programme nous n'avons rempli que la première moitié : dans la critique du présent et dans l'exposition de l'avenir, nous n'avons guère abordé les questions que sous leur aspect le plus général; ainsi, nous avons parlé de l'impuissance du libéralisme qui commence à se faire honneur de notre langage et de nos principes, bien qu'il refuse d'en déduire la première et inévitable conséquence, l'abolition graduelle de l'héritage par droit de naissance: A plusieurs reprises, soit dans les enseignemens, soit dans les discussions, nous avons longuement traité la question de la propriété, celle du dogme religieux, celle de la hiérarchie. Toutefois cette matière est loin d'être épuisée: la distribution des fonctions entre les trois natures de capacité qui constituent l'homme, par exemple ; le rôle que chacune doit jouer vis-à-vis des deux autres, sont des questions qui n'ont pas été traitées. Néanmoins la nécessité se fait sentir d'arriver à la seconde partie du Programme que nous nous sommes tracé, et de vous montrer, par quelles relations la doctrine nouvelle, lie entr'eux les individus.

En effet, l'opinion s'est répandue à Toulouse, et plusieurs journaux en l'accueillant l'ont propagée, que la vie individuelle était par nous complètement subordonnée à la vie sociale ; que nous enlevions à l'homme ses joies individuelles les plus douces, ses affections privées les plus tendres : nous avons bien, quand l'occasion s'en est présentée, repoussé les doctrines qu'on nous prêtait, mais de rares et courtes explications ne pouvaient suffire à réfuter une allégation *écrite*, et qui semblait surtout justifiée par le silence de notre enseignement sur ces questions.

Un motif grave nous engage à débuter dans cette nouvelle direction de l'enseignement par une leçon générale sur l'avenir réservé aux femmes : c'est la nécessité de rectifier les idées erronées qui, principalement sur cette matière, ont été répandues dans Toulouse.

Si l'homme et la femme étaient égaux et pairs, l'association entre eux serait impossible, car la parité fait les rivaux, et la diversité les associés ; il n'en est pas ainsi : demandez à l'artiste où se trouve le type complet de la beauté humaine, il vous montrera le couple ; séparés l'homme et la femme sont beaux, mais sur le front de chacun d'eux ne repose que la moitié de la beauté humaine.

Il en est de même sous l'aspect intellectuel et sous l'aspect moral : en tout la femme diffère de l'homme, mais en tout elle est faite pour s'unir à lui, pour le compléter.

L'homme a plus que la femme, de *l'énergie*, de *la prudence*, de *la force*.

La femme a plus que l'homme du *dévouement*, de la *pénétration*, de *l'adresse*.

L'être humain doit à la fois vivre *énergique et dévoué,
pénétrant et prudent, adroit et fort.*

Vouloir confondre deux êtres si divers, appeler l'un et
l'autre à jouer le même rôle, demander à l'un et à l'autre
la même nature de capacité, donner à tous deux la même
éducation, ce serait mentir à Dieu et à la nature de
l'humanité.

Mais aussi ne point voir, que le jour est arrivé d'une
complète association entre la femme et l'homme, prétendre que les vertus et les qualités de l'un doivent encore garder sur les vertus et les qualités de l'autre, une
prépondérance exclusive, c'est fermer les yeux au progrès, c'est priver l'humanité d'une partie de ses ressources et de sa vie.

S'il est aisé de montrer en quoi l'homme et la femme
sont différens, il l'est moins de montrer en quoi ils ne
doivent pas être associés ; la définition qui classerait la
femme inférieurement à l'homme, serait aujourd'hui em-
barrassante à donner.

En effet, quand on suit depuis les origines jusqu'à nos
jours le progrès des relations entre l'homme et la femme,
on voit que la diversité de leur être se prononce d'une
manière plus nette et plus profonde, à mesure que l'harmonie et l'association les unissent plus étroitement.

La femme, dans les hordes sauvages, maltraitée par le
mari, obligée de se plier aux travaux dédaignés du la-
bourage, abandonnée sans aide ni pitié aux douleurs de
l'enfantement et de la maternité, diffère peu de son rude
et sauvage époux : presqu'aussi cruelle, presqu'aussi fa-
rouche que lui, la seule différence bien marquée entr'eux
est l'infériorité de la force physique.

Mais de siècle en siècle la barbarie des mœurs pri-
mitives s'adoucit, tout se développe ; les différences, premières conditions de l'harmonie, se prononcent, la rigueur des liens qui enchaînent le vaincu au vainqueur,
la femme et l'enfant au chef de famille se relâche.

A chaque progrès, la femme comme l'esclave conquiert un grade, et se rapproche du jour de l'association.

Les poètes anciens nous présentent le tableau fidèle de la position des femmes dans l'antiquité polythéiste : enfermées avec leurs esclaves dans la retraite du gynécée, elles y passaient les journées à tisser les vêtemens de la famille ; jamais elles ne prenaient part aux festins, aux conseils ou aux fêtes des guerriers. En effet, les sociétés d'alors, quoique sorties de l'état sauvage, étaient encore principalement la consécration de la force physique ; la femme, qui en est dépourvue, ne put y prendre encore qu'une place très-inférieure. L'être humain n'était pas assez développé, pour que les vertus et les qualités qui sont propres à la femme, pussent occuper une place un peu large dans le monde ; elle y fut donc esclave et méprisée.

Lorsque le christianisme apparut, apportant à ceux qui souffraient remède et consolation, proclamant une parole d'amour et de paix sur une terre qui n'était pas encore désaltérée du sang des hommes, la femme et l'esclave furent par lui réhabilités quoique d'une manière incomplète : à côté des chaînes temporelles il fonda la liberté spirituelle : le corps resta soumis aux premières, mais l'esprit ne reconnut plus que la loi divine, loi supérieure à tout autre, et dont l'invisible trésor n'avait à souffrir ni rapines ni vols.

Alors les liens d'une religion, qui en Marie sanctifia la virginité de la mère de Dieu, attachèrent plus étroitement l'époux à l'épouse, et surtout la mère aux enfans. La femme releva un peu, sa tête courbée encore sous les chaînes de l'antique esclavage. La première éducation morale de l'enfance fut confiée à la mère de famille : c'était de la bouche adorée d'une mère que le jeune chrétien apprenait la création merveilleuse des six jours, l'amour d'un Dieu fait homme pour racheter les hommes : ses larmes coulaient avec les larmes de sa douce institutrice, quand sa voix maternelle et tendre, lui contait en gémissant les douleurs de la passion, et l'amertume du calice dont fut abreuvé l'Homme-Dieu.

Dans les institutions chrétiennes la femme trouva encore un autre rôle non moins beau et non moins touchant ; elle pouvait, faisant à son Dieu l'éternel dévouement de sa vie, dégagée de ce monde ou dominaient encore César et Satan, séparer complètement son individualité de l'individualité de l'homme : disposer d'elle-même, ne conserver dans le monde de relation qu'avec la douleur et la souffrance, et faire de tout son être un pieux et long holocauste.

L'amélioration du sort des femmes passa comme tous les autres progrès, de la société spirituelle, dans la société temporelle ; bien des querelles, bien des haines furent appaisées par leur pacifique médiation ; leurs mains distribuaient dans les tournois le prix de la valeur, et surtout de la loyauté ; leur nom, associé dans les devises chevaleresques au nom même de Dieu, portait jusqu'au sein des combats des souvenirs d'amour et de paix ; leur présence aux fêtes et aux jeux des guerriers, adoucissait les lois et polissait les mœurs.

Néanmoins, si le christianisme amèna la femme jusqu'au seuil du temple et de l'état, s'il habitua l'homme à la considérer, comme *la chair de sa chair* et *l'os de ses os :* sur elle, il laissa peser encore un formidable anathème ; il ne put la relever, qu'en la privant d'une portion de sa puissance, en la dépouillant des rayons de sa beauté ; car la femme était la personnification de la matière proscrite par le christianisme ; car si une femme avait été choisie pour enfanter Dieu. par une femme aussi le péché était venu dans le monde.

Et dans le monde où nous vivons, bien que l'anathème ancien soit presque effacé du front réhabilité de la femme, les derniers vestiges de sa longue subordination sont partout visibles ; car le monde dans lequel nous vivons. mûr pour un progrès nouveau, ne l'a pas encore accompli : c'est un monde encore formé des débris du christianisme et du moyen-âge.

Ce n'est donc point dans la société telle qu'elle est faite

que la femme peut prendre un rôle plus grand : il ne peut
y avoir place pour elle dans un monde où la force brutale et le hasard de la naissance ont encore un règne puis-
sant : mais, à tous les progrès du passé un progrès nouveau doit s'ajouter ; et comme tous ceux qui l'ont précédé,
ce progrès social doit être aussi un progrès dans l'association de l'homme et de la femme. Nous ne venons point
changer la nature de la femme ni celle de l'homme, mais la
développer : la femme doit prendre un rôle social, c'est-
à-dire que la société doit être constituée de telle sorte, que
les vertus et les qualités particulières à la femme, qui
jusqu'ici n'ont pu trouver d'emploi que dans le cercle
étroit de la *famille du sang*, puissent s'exercer dans le
cercle plus étendu de la *famille sociale*. Suivant la grâce
particulière dévolue à leur sexe, l'homme et la femme
doivent concourir à l'œuvre universelle, l'amélioration
morale, intellectuelle et physique du plus grand nombre.

Dans le temple, dans l'atelier scientifique ou industriel,
l'homme sans la femme est désormais incomplet.

Quand il falluit, par une parole de fer, réduire à l'obéis-
sance des hommes grossiers et sauvages, exiger un dévouement aveugle et passif, infliger d'horribles châtimens ;
quand la voix du commandement devait retentir violente
et rude ; quand le gouvernement, en un mot, avait pour
but et pour moyen *l'exploitation de l'homme*, nous con-
cevons que, faible et timide, la femme se tînt à l'écart,
et que sa douce main aima mieux panser des blessures
que soutenir le poids d'un sceptre qui était un glaive.

Mais aujourd'hui par la violence on ne peut plus commander aux hommes, les hommes ne veulent plus d'autorité
imposée ; avant d'obéir, ils veulent aimer et comprendre.
Or, qui mieux que la femme sait se faire obéir par douceur
et persuasion ? Quelle parole plus que la sienne inspire le
tendre respect et la conviction ? Qui possède mieux qu'elle
ce tact fin et délicat, qui devine si bien ce qui convient
et ce qui répugne ? La femme peut donc gouverner ; car,

dans l'avenir, gouverner c'est se faire aimer et comprendre.

Mais dans la science, quel rôle jouera la femme? Lui accorderons-nous cette puissance de logique, cette force d'élucubration qui distinguent le savant?

Non, mais nous lui accorderons cette subtile et active investigation qui ressemble presque à la divination. La femme s'élance à la découverte, d'un essor rapide et presque instinctif. D'ailleurs, répétons-le bien, la femme ne doit pas être pareille à l'homme, mais son associée; elle doit aimer la même œuvre, mais elle l'aime différemment.

Le corps savant se partage en deux subdivisions : l'une, composée des savans proprement dits, chargés du perfectionnement et de l'élaboration de la science; l'autre, beaucoup plus nombreuse, de ceux qui éclaircissent, vulgarisent les découvertes des premiers, les font, par l'enseignement, passer dans le domaine commun.

Il est aisé de voir comment la femme peut s'associer à l'œuvre de ces derniers; car, facile et déliée, active et transparente, l'intelligence de la femme se prête admirablement à l'enseignement, c'est-à-dire à recevoir et à rendre la vérité.

Quant aux hommes, nécessairement peu nombreux, que leur vocation appelle aux travaux d'élaboration, la nature même de leur capacité leur rend indispensable l'association d'une femme qui aime leurs travaux. Le savant, par le genre de ses recherches et la tournure de son intelligence, est porté à s'isoler, à oublier qu'il travaille pour le monde, à se passionner pour la découverte abstraite de la vérité, sans prendre nul souci de son utilité sociale : or, précisément parce que la femme, même la mieux organisée pour l'élaboration scientifique, même celle qui aime et admire le plus cet ordre de travaux, ne peut, comme l'homme, s'isoler complètement du monde, et ne vivre que d'abstractions, son rôle dans le couple savant est de rappeler perpétuellement l'homme à une direction utile et sociale ; de saisir pour les lui présenter les améliorations dont elle sentira mieux que lui l'importance et l'utilité : elle posera les problêmes, l'homme cherchera les solutions ; elle amènera et préparera le travail que l'homme prendra soin d'achever. C'est surtout au couple savant qu'on peut appliquer ce que Rousseau dit en général du couple humain : « Unis, ils forment un être moral, dont la femme est l'œil, et dont l'homme est le bras. »

Quant aux fonctions industrielles, il n'est pas douteux qu'elles ne soient bien remplies par la femme. Tant que l'industrie exigea une dépense considérable de force brute, tant que l'homme y joua le rôle de machine, la femme, inférieure en force physique, ne put avec autant d'avantage concourir à l'œuvre industrielle ; mais la perfection de l'industrie étant de produire le plus possible avec la moindre dépense de force humaine, elle devient chaque jour davantage œuvre d'adresse, de soin et de patience ; qualités qui certes ne manquent pas à la femme.

Au reste, c'est dans l'industrie que la femme a fait jusqu'ici le plus de preuves de capacité, précisément parce que l'industrie ainsi que la femme sort de l'enfance et de la subordination. Les études industrielles naissent à peine, l'organisation sociale de l'industrie n'existe point ; l'éducation et la société n'ont donc pu sous cet aspect comme sous les autres, favoriser le développement de l'homme et retarder, celui de la femme. La femme et l'homme y trouvent davantage égalité de chances ; aussi, à Paris et dans les villes de commerce et de fabrique du Nord, ce sont les femmes, aussi souvent que les hommes, qui tiennent les livres de comptabilité, qui dirigent les comptoirs et les ateliers.

Il est certain enfin que la femme n'a point, dans l'imparfaite éducation qu'elle reçoit, tous les moyens fournis à l'homme pour développer sa capacité. Au lieu d'avoir en vue une culture complète de ses facultés, l'éducation de la femme a pour objet de la comprimer, d'arrêter son essor.

de la façonner pour l'étroite enceinte dans laquelle elle est uniquement destinée, à délasser par son *babil* et ses *talens d'agrément* les fatigues d'un mari, à faire les honneurs du salon, et tout au plus à conduire la dépense du ménage. La plupart des reproches adressés à la femme devraient l'être à ses instituteurs; il est temps de lui donner, non pas l'éducation de l'homme qui ne lui convient pas, mais l'éducation de la femme dans son entier et libre développement.

On sera surpris peut-être de ne point vous entendre citer ici la liste plus ou moins longue des femmes célèbres, préface ou conclusion ordinaire de tous les écrits publiés en faveur de la femme; nous ne le faisons point, parce que les noms célèbres qui composent cette liste, ne rappellent nullement les vertus et les qualités, qui appartiendront à la femme de l'avenir. Les femmes, qui sont parvenues jusqu'ici à percer la voûte ténébreuse d'humiliations et d'abaissement qui pesait sur leurs têtes, pour se faire jour et se placer au rang des célébrités, ont été obligées de se faire *hommes*; et comme la différence de l'homme et de la femme est trop profondément tracée, ce ne fut jamais impunément qu'elles essayèrent de la franchir : en voulant cesser d'être femmes, elles ne purent devenir hommes, elles se firent *monstres*, et surtout elles se firent *malheureuses*. Pleines de mépris et d'indignation pour leur propre sexe, admirées du nôtre, mais raillées et dénigrées par lui, telle fut leur commune et ordinaire destinée.

Ce n'est donc point chez ces femmes, qui eurent le privilège du génie et du malheur, qu'il faut chercher le modèle de la femme Saint-Simonienne : sans doute la trace de lumière qu'elles ont laissée, témoigne de la haute puissance qui peut chez la femme se développer : sans doute leurs œuvres furent une glorieuse et utile protestation contre l'abaissement de leur sexe; mais le temps de l'émancipation n'étant pas venu, elles furent les rivales et non les associées de l'homme.

Telle ne sera point la femme dans l'avenir : de même qu'en sortant de l'ilotisme et de l'esclavage païen, la femme prit dans la famille et dans le cloître chrétien un rôle plus digne et plus large, de mê e aujourd'hui, la femme en cessant d'être chrétienne, ne cessera point pour cela d'être femme. Quand les nations seront devenues une seule famille, l'*économie politique* sera vraiment une *économie domestique*, et la *mère de la famille du sang* deviendra de plus la *mère de la famille humaine.*

Et alors, cette puissance de sympathie, qui aujourd'hui attire encore à la femme les amères et insultantes railleries des hommes, ne se retournera plus sur elle-même pour la déchirer ; elle la déversera sur la famille humaine, pour en unir plus intimement les membres ; elle leur fera, par sa parole douce et onctueuse, aimer de plus en plus, le but assigné aux hommes par Saint-Simon.

Alors le mariage ne sera plus comme il est trop souvent aujourd'hui, *une vente* ou un *sacrifice* : on ne verra plus consommer l'odieux assemblage du vice et de l'innocence, de l'égoïme le plus bas et du dévouement le plus tendre. Heureuse d'être choisie par l'époux de son choix, la femme verra en lui son ami, son compagnon, son associé. Exercée par un couple, toute fonction sera remplie complètement, et nulle partie des trésors de bonté, d'intelligence et de tendresse dévolus par Dieu à l'être humain, ne sera comme aujourd'hui perdue pour le bonheur commun.

Mais, pour qu'un pareil progrès s'accomplisse, il ne faut pas seulement que la femme développe d'une manière plus large les vertus propres à son sexe, il faut qu'à son tour l'homme arrive à un degré de moralité, auquel le christianisme l'a préparé, sans le lui faire franchir. De même qu'aujourd'hui c'est des classes privilégiées que doit partir le premier signal de l'affranchissement des classes pauvres ; ainsi c'est à l'homme pour lequel l'éducation et la société ont tout fait jusqu'ici, à tendre la main à la femme, à lui faire place à ses côtés, à se rendre lui-même digne de cette complète association. Il faut que l'homme

seute mieux qu'il ne l'a encore fait, l'amour et le respect
que la moitié de l'être humain doit à l'autre moitié. Il
faut qu'il cesse de regarder la femme comme une proie,
la séduction comme un jeu, le mariage comme un joug.
Ainsi, l'homme et la femme sont ensemble sortis du paga-
nisme pour entrer dans le progrès de la vie chrétienne :
car la femme ne peut devenir meilleure sans que l'homme
ne fasse un progrès correspondant.

Ici se termine la question que nous nous sommes pro-
posés de traiter, l'émancipation de la femme et son rôle
dans l'avenir : mais, comme à l'occasion de cette question,
on a produit une objection contre la possibilité du classement selon la capacité, si la fonction était remplie par un
couple, nous croyons à propos d'en présenter la réfutation.

VOICI L'OBJECTION :

*Le classement selon la capacité, est un principe fonda-
mental du Saint-Simonisme : toute fonction exercée par un
couple, est un autre principe : tous deux résumés dans cette
formule : l'ordre et le mariage sont identiques. Or, ces
deux principes ne peuvent recevoir tous les deux une application absolue sans se contredire ; car, si toute fonction
doit être à la fois exercée par un couple et par le plus
capable, l'une ou l'autre de ces conditions manquera, chaque fois que l'un des époux fera des progrès qui le rendront
plus capable que son associé : il faudra alors se résoudre,
ou à violer le principe de classement selon la capacité, ou
à dénouer pour le former ailleurs le nœud conjugal : et
comme cette différence de progrès peut, pendant la vie d'un
individu, se renouveler vingt, trente fois ; chacun se verra
exposé à renouveler aussi vingt, trente fois, le lien conjugal : or, des changemens si fréquens méritent bien à une
pareille institution le nom de promiscuité conjugale.*

Telle est l'objection : voici la réponse :

Aucun de nos principes, pas même celui du classement

selon la capacité, ne pourra jamais être appliqué d'une manière *absolue*, c'est-à-dire *parfaite*: attendu que la *perfectibilité*, et non la *perfection*, est la loi de l'humanité.

Jusqu'au mariage , c'est-à-dire, jusqu'à l'entrée en exercice d'une fonction , on apprécie et classe les individus, selon leur capacité *personnelle*. Lorsque par le mariage, l'homme et la femme, qui se sont sentis destinés à concourir à une même œuvre en réunissant leur amour, leur intelligence et leur force , ont confondu leurs deux vies en une seule, c'est le couple, et non plus l'individu, que l'on classe selon sa capacité et que l'on rétribue selon ses œuvres. Dans l'œuvre du couple, il devient impossible de séparer le concours de la femme du concours de l'homme : et quand il serait possible de le faire, et de constater que depuis leur union , la femme, par exemple, n'a point fait autant de progrès que l'homme, les désunir pour les unir à d'autres associés serait bien plutôt pécher contre le principe de classement selon la capacité que l'accomplir.

L'homme en effet n'est pas un automate qui fonctionne régulièrement et mécaniquement, produisant tant par heure et consommant tant par jour ; il n'est fort et actif qu'à la condition d'être libre, d'exécuter le travail qu'il aime, et comme il l'aime. La puissance que le mariage donne au couple et qui, avant leur union, manquait aux deux moitiés qui le composent, est une force toute morale ; sa source est dans la sympathie et le bonheur que deux êtres qui se comprennent et qui s'aiment, trouvent à mêler incessamment leur vie. Or, cette sympathie, cet admirable et saint amour de l'homme pour sa femme et de la femme pour son mari, ne peut s'enraciner dans leur cœur et porter ses fruits, que par la douce perspective de toujours recueillir ensemble le prix de leurs travaux communs. En un mot, quand les époux se sont librement choisis, qu'ils se sont, par un amour *religieux*, c'est-à-dire *individuel et social*, mutuellement élus pour faire dépendre chacun son bonheur de la félicité de l'autre, la perpétuité du lien conjugal est indispensable au bonheur, à la joie, *à l'utilité sociale* de leur union. Ils ne pourraient s'aimer, échanger l'intimité de leurs pensées et de leurs joies, *s'acquitter en un mot de leur fonction*, s'ils étaient à chaque pas préoccupés de la crainte de voir une odieuse tyrannie intervenir entre eux ; et, sous prétexte de les placer plus convenablement, briser leurs projets d'avenir et l'union de leurs travaux.

Il s'en faut donc de beaucoup que dans l'avenir le divorce soit la règle : exception rare, et de plus en plus rare, à mesure que l'humanité se développant, les moyens de classer les capacités se perfectionneront ; les cas, dans lesquels il deviendrait d'une nécessité rigoureuse, sont des cas maladifs, des cas anomaux, d'après lesquels la règle ne doit pas être faite, puisqu'elle doit tendre au contraire à les faire disparaître.

IMPRIMERIE D'AUG. HENAULT, RUE SAINT-ROME, N° 7.

PRÉSENT

ET AVENIR.

Imprimerie de Marie Escudien,
rue St-Rome, n° 26.

PRÉSENT

ET

AVENIR.

—

Brochure Politique.

—

PAR

CHARLES LEMONNIER.

JUILLET 1834.

A Toulouse,

CHEZ MARIE ESCUDIER, LIBRAIRE,

RUE SAINT-ROME, N° 26.

PRÉSENT

ET AVENIR.

———•———

Qu'est-ce que le tiers-état ? écrivait,
il y a quarante ans, dans un pamphlet
resté fameux, l'abbé Sicyes. — Rien ! —
Et que doit-il être ? — Tout. — Énergique et brève parole, qui demeure dans
l'histoire la formule précise d'une révo-

lution, dont elle fut en 89 l'audacieux programme ! En 89, en effet, il s'agissait d'effacer les priviléges de la noblesse et du clergé, et d'instituer l'unité nationale : c'était l'œuvre préparée par la philosophie du 18me siècle, mûrie par la dissolution dont la régence avait donné le signal, entamée par tout ce qu'il y avait de remuant, de jeune, d'audacieux, de progressif, parmi les hommes de ce temps. Personne ne se fût alors avisé de distinguer dans le tiers-état lui-même ces deux classes que l'on nomme aujourd'hui, *classe bourgeoise* et *classe ouvrière*; c'eût été faire une distinction inutile, puérile même, alors que tout le progrès social résidait dans l'abaissement de la noblesse et du haut clergé, et dans la destruction des derniers remparts politiques de la féodalité. Toute théorie a ses limites, aussi bien que toute pratique : Sieyes fit des élémens sociaux contemporains la seule analyse possible et utile en son temps. Il dut à peine se douter, et surtout il ne dut pas tenir le moindre compte, des différences profondes qu'enfermait en elle-même cette vaste et confuse unité du tiers-état, qu'il fallait alors insurger contre la dualité, noblesse et clergé.

Le triomphe définitif et complet du tiers-état ne date véritablement que des barricades de juillet 1830 : le bras nu du peuple a brisé, ce jour-là, tout lien avec le passé féodal; et, à la suite des Bourbons, deux fois ramenés par les baïonnettes étrangères, deux fois chassés du sol par la nation, toute domination cléricale et nobiliaire a pour jamais quitté la terre de France. Les prêtres et les nobles vaincus, s'il n'était réellement demeuré en France, comme le

croyait et l'écrivait Sieyes, que des bourgeois ; si le tiers-état, débarrassé de ses
ennemis et de ses tyrans, fût resté un et
compact, tout était fini après la révolution
de juillet. Une fois la bourgeoisie intrônisée
et reconnue, bon gré mal gré, par les vieilles
et les jeunes royautés de l'Europe, aucun
trouble ne devait agiter la France ; la société
ne présentait plus de lacune à combler,
toutes les parties de son édifice étaient com-
plètes, proportionnées, en équilibre ; c'est
à peine si l'on pouvait souhaiter encore
quelques développemens accessoires, quelques progrès implicites, et qui ne dussent
en rien changer l'ordre établi.

On sait qu'il n'en va pas ainsi : le jour
où le tiers-état a vraiment dominé ; lorsque
la nécessité de combattre a cessé de confondre les intérêts divers qui vivent en ce grand
corps, et de rassembler en une seule et solide

phalange les classes diverses qui le composent, il s'est fait sur la scène politique un
grand et subit changement, dont beaucoup
se sont émerveillés, qui en avaient été, comme à leur insu, les acteurs et les ministres;
et que la plupart de ceux qui, en ce temps-ci,
commandent et obéissent, n'ont pas encore
bien nettement compris. Ce grand corps du
tiers-état, cette unité, si compacte et si vraie
en face de la noblesse et du clergé, sentit
tout-à-coup une scission déchirer ses rangs.
Les mots de *bourgeois* et d'*ouvriers*, ceux plus
justes de *travailleurs* et d'*hommes de loisir*,
furent prononcés par tous les organes de la
presse ; ces deux classes d'hommes , qui
s'étaient unies de cœur et de bras pour accomplir l'œuvre des trois journées, s'aperçurent
tout-à-coup que la différence d'intérêt les
séparait.

Cette différence existait bien aussi, virtuellement, en 89 , lorsque se forma le parti du tiers-état ; mais depuis elle s'est prononcée, elle s'est tranchée , et lorsque enfin la société eut le loisir de jeter un regard sur elle-même, elle dut se réjouir et s'étonner à la fois du développement qu'avaient pris ses parties inférieures. Quand la révolution de 89 éclata , la classe inférieure du tiers-état était loin d'être aussi riche , aussi morale, aussi intelligente qu'elle l'est aujourd'hui : elle s'inquiétait peu de l'œuvre révolutionnaire, pour ce qui la touchait elle-même : depuis trop long-temps elle était pliée à obéir, pour songer aussi vite à commander ; mais bientôt rien ne manqua plus à son éducation : les excès des années suivantes qui déchaînèrent toutes les passions, ouvrirent tumultueusement la carrière à tous , essayèrent un moment de réaliser l'absurde théorie de l'égalité abso-

lue, et souillèrent, par leurs parodies, la
majesté jusque là respectée du pouvoir :
puis, ces glorieuses années du consulat
et de l'empire, qui prirent tant de va-
lets à la charrue pour en faire des maré-
chaux, et trouvèrent dans les écuries des
auberges et dans les ateliers de l'ouvrier
tant de généraux, l'honneur de la France et
la terreur de ses ennemis ; enfin les pacifiques années de la restauration, qui jetèrent
tant d'hommes façonnés au travail et à l'activité, par la rude discipline des guerres
impériales, dans les diverses branches de
l'industrie où ils portèrent avec leurs habitudes d'énergie et d'ordre la poésie grossière,
mais vivante de leurs souvenirs; tout ce long
tissu d'événemens, toute cette merveilleuse
succession, où chaque mois, chaque semaine
pourrait raconter sa révolution, sa victoire,
sa conspiration ; tout cela a singulièrement

change les mœurs de la société française.
La multitude des hommes, arrivés à la conscience d'eux-mêmes , surpasse de beaucoup le nombre de ceux qui se trouvent
rétribués en richesse et en pouvoir politique , selon leur mérite et leur valeur
personnels ; et la société présente le spectacle d'un malaise général , parce que le
plus grand nombre de ses membres se sent
travaillé de besoins et de désirs non satis-
faits.

La prospérité industrielle, dont les défen-
seurs de la restauration font si grand honneur à leur cliente, a surtout contribué à
nous placer dans ce malaise ; cette prospérité n'était point réelle, ou pour dire
plus juste, elle était de nature précaire et
point durable. L'absurde législation doua-
nière, le système non moins faux de dégrè-
vement foncier, qui fesaient la base de la

politique bourbonnienne ; le manque de moyens de communication, qui long-temps encore s'opposera au nivellement rapide et instantané des prix , sur nos divers marchés ; l'absence complète d'organisation et de direction , dans laquelle l'industrie se trouvait alors, comme elle y demeure aujourd'hui ; tout a concouru à rendre précaire, mal assuré, chanceux, le mouvement industriel de cette époque; tout lui assignait des limites que l'ébranlement de juillet n'a fait que rapprocher.

Dans l'histoire de l'industrie française , on peut dire même de l'industrie européenne, les économistes doivent considérer les quinze années de la restauration, comme une période d'ignorance et d'essai, pendant laquelle l'expérience faite en grand et avec enthousiasme du principe de la libre concurrence, dont les guerres de la révolution et de l'empire avaient retardé jusque-là l'application, a démontré pour l'avenir quel immense désordre, quelles pertes affreuses, quelles ruines inévitables, la pratique sans règle ni limite de ce principe ne peut manquer d'enfanter.

Le caractère général de cette époque est la ferveur, fanatique, pour ainsi dire, avec laquelle les industriels se sont livrés à une production immense, sans prendre et même sans croire nécessaire, le soin de mettre cette production en tout genre, en harmonie avec la consommation, arrêtée elle-même par les diverses causes énumérées plus haut : de là, tant de catastrophes déplorables, qui des premiers jusqu'aux derniers rangs, ont bouleversé à plusieurs reprises toute la société.

Or, cette vie active, aventureuse, pleine de charmes, féconde en prospérités inouies, non moins qu'en revers imprévus, dont la société française a vécu pendant quinze grandes années, n'est point restée sans effet sur les mœurs : partout, au soufile de la concurrence, s'est éveillé le sentiment de la personnalité ; mille ambitions obscures, mais persévérantes, ont germé ; le rapide et facile déplacement des fortunes a fait connaître, ne fût-ce qu'un an, ne fût-ce qu'un mois, les douceurs de l'aisance laborieuse à des milliers d'hommes qui, ramenés à leur point de départ, quelquefois au-dessous, par un revirement subit, ont retrouvé amère, intolérable, la vie première, dont ils supportaient auparavant avec une patience ignorante les privations et les labeurs.

Tout cela fait qu'une portion tous les jours plus nombreuse de la nation vit mécontente de la condition précaire de son existence, et de l'incapacité politique dont elle est frappée ; aspire à un changement qui, de manière ou d'autre, comble les lacunes de l'ordre social ; demande l'association avec les classes supérieures ; et s'irrite à la pensée de trouver au-dessus d'elle, pour éternelle et immuable dominatrice, cette partie du tiers-état, qu'elle appelle bourgeoisie, et qu'elle a jusqu'à présent si franchement aidée à balayer l'ancien régime.

D'un autre côté, la bourgeoisie, contre laquelle on imprime aujourd'hui tant d'accusations, et que l'on charge de tous les méfaits dont l'histoire a légué le souvenir, comme cela se pratique envers les partis qu'on veut perdre ; la bourgeoisie se trouve bien d'être au pouvoir, et veut y rester : elle comprend avec un grand bonheur la nécessité, l'utilité, la légitimité de son avènement, et ne sait ou ne peut prévoir, pour aucun temps, si éloigné qu'on

le suppose, la nécessité, l'utilité, et par conséquent aussi la légitimité, de sa future dé-
chéance; comme toutes les puissances dont
l'humanité a jusqu'ici salué la gloire, elle
pousse jusqu'à l'excès et à l'entêtement l'a-
mour de sa propre conservation; elle éten-
drait volontiers à l'éternité des temps la
transitoire légitimité de son règne, et con-
fond à dessein la durée de l'ordre social avec
sa propre durée, afin d'intéresser plus vive-
ment à l'une, ceux qu'elle parvient à troubler
sur l'autre. Elle trouve donc naturellement
l'ordre social tout aussi bon qu'il peut l'être :
la condition précaire de la classe la plus
nombreuse lui semble un fait alarmant sans
doute, malheureux même si l'on veut, mais
immuable, mais nécessaire, mais sacré; tant
elle redoute qu'on n'amène par la guérison de
cette plaie hideuse, le jour où son règne ferait
place à l'avènement d'une autre puissance.

18

Enfin, et pour compléter cette rapide analyse des élémens dont se compose notre moderne société française, il est une troisième
classe d'hommes, dont la présence empêche
que la démarcation entre la classe bourgeoise,
proprement dite, et la classe ouvrière, soit
à beaucoup près aussi profonde que celle
que franchit le tiers-état, pour enlever leurs
priviléges à la noblesse et au clergé : cette
classe se compose de ces hommes, tous les
jours plus nombreux, qui assez riches pour
participer non seulement aux bienfaits de
l'éducation, mais aussi aux habitudes et à
une partie des goûts de la bourgeoisie, le
sont trop peu pour n'être pas obligés, comme l'ouvrier, de vivre du fruit de leur travail, et de préparer par les labeurs de leur
jeunesse la sécurité, le repos et le luxe
honorable, dont leur vieillesse s'entourera
un jour : mi-bourgeois, mi-ouvriers, toute

l'activité et le savoir-faire de ceux-ci, ils les réunissent aux ressources que donne aux autres l'avantage d'une fortune acquise : les intérêts des deux classes les touchent également, en ce qu'ils ont de légitime; et comme mieux que personne ils jugent et voient le mécanisme social, s'ils ne tiennent pas, comme les bourgeois, au maintien absolu de l'ordre établi, ils repoussent de toute l'énergie de leur conviction les folles et criminelles tentatives de bouleversement; et, dans l'accomplissement de l'évolution sociale qu'ils prévoient, qu'ils désirent, et dont leur condition personnelle est le symbole, et pour ainsi dire l'exemplaire vivant, ils demandent la lenteur et la prudence nécessaires pour éviter les malheurs inséparables de toute catastrophe violente.

Parmi les hommes qui composent le cabinet actuel, il en est plus d'un sans doute qui ne comprend point du tout la situation de la société française, telle que nous venons de la décrire ; et ceux-là s'indignent d'aussi bonne foi contre les *factieux*, et courent aux armes contre les *éternels ennemis de l'ordre public*, avec autant d'ingénuité que le bourgeois le plus infatué de lui-même, et le plus ignorant ou le plus insoucieux des besoins de la classe laborieuse ; mais ce serait manquer de justice que d'étendre à tous nos hommes d'état ce reproche d'ignorance. M. Guizot et M. de Broglie ont tous les deux, quelques jours avant la démission du second, prononcé devant la chambre des discours fort remarquables, dans lesquels ils ont assez nettement indiqué la situation du pays : mais ceux-là même des membres du ministère qui aperçoivent le mieux cette situation, ne l'ont comprise et jugée que sous une seule face, c'est-à-dire d'une manière incomplète et fausse : ils ont bien vu l'unité du tiers-état se decomposer en deux fractions ; mais, au lieu de comprendre la légitimité de cette décomposition, ils ont trouvé plus commode et plus sûr de la nier ; au lieu de se poser le problème suivant : gouverner dans un esprit d'ordre et de progrès, et de manière à procurer l'émancipation graduelle de la classe inférieure, en ménageant les intérêts légitimes de la classe bourgeoise; les ministres ont mieux aimé poser exclusivement la domination de la bourgeoisie comme un principe sacré, immuable, contre lequel toute opposition n'est pas moins qu'un attentat social.

Ainsi le ministère s'est fait le ministère d'une portion de la nation, et l'adversaire de l'autre : au lieu de gouverner, c'est-à-dire, de pousser vers un même but les partis divers, en enlevant à chacun ce qu'il a de trop exclusif, le ministère s'est fait lui-même chef de parti ; par là il s'est né-cessairement engagé dans une voie de lutte, de combat, de *guerre implacable*, comme l'a dit un de ses membres ; guerre dans laquelle il finira certainement par être vaincu.

Quels fruits nous a valus la dernière session ? Chacun le sait : deux lois d'excep-tion, la loi contre les crieurs publics, la loi contre les associations : de violen-tes menaces contre le jury ; des invectives contre la presse ; mieux que cela, la des-truction arbitaire d'un journal ; et enfin, comme corollaire obligé, l'accroissement de nos forces militaires, et par conséquent des dépenses du budget !

Autant que la différence des temps et des positions permet la comparaison, le ministère se trouve exactement dans la si-tuation où l'ancien régime s'était placé contre le tiers-état , et que la restauration, mal instruite par vingt-cinq années d'exil, avait reprise pour se perdre après une lutte de quinze ans ! Les mêmes argumens se reproduisent ; les mêmes moyens sont employés ; et si l'on veut être conséquent au principe que l'on a posé , à mesure que l'action émancipatrice des classes inférieures se fortifiera, il faudra bien que la réaction devienne plus violente.

La grande erreur du ministère est de ne point tenir assez de compte de cette classe intermédiaire entre la bourgeoisie et la classe ouvrière dont nous avons parlé : s'il avait un peu mieux le sentiment de l'avenir, il comprendrait que cette classe est aujourd'hui puissance prépondérante en politique , et que selon le parti qu'elle suivra, la balance penchera pour ou contre le cabinet. Les réclamations unanimes qui,

dans ces derniers temps, se sont élevées
des divers points de la France contre le
détestable système douanier dans lequel le
ministère s'obstine ; la demande unanime
et réitérée d'une réforme commerciale,
auraient dû ouvrir les yeux du pouvoir sur
le danger de la fausse route qu'il suit : les
intérêts du travail, la prépondérance des
travailleurs, telle est la seule base sur laquelle aujourd'hui un gouvernement puisse
solidement asseoir son avenir ; car, qui dit
travailleur, dit aussi bien riche que pau-
vre, manufacturier qu'ouvrier, professeur
au collége de France qu'instituteur pri-
maire, fermier que paysan, banquier que
porte-balle : le travail est le seul lien que
les passions politiques ne puissent détruire
entre les hommes.

Il est dans les entrailles de la société
française un besoin impérieux et profond

qui se produit sous toutes les formes et l'agite en tout sens, c'est celui d'une solidarité plus complète entre ses membres, c'est-à-dire, du perfectionnement de l'association. Le plus grand nombre des hommes et des femmes, vivant de salaire, n'ont aucune part à prétendre, ni aux fonctions publiques, ni à cette portion des fruits du travail, perçue et consommée sous la dénomination économique de revenu net : cela n'est pas un mal, car tout homme est fait pour vivre de travail et de salaire par conséquent; mais l'organisation de la société n'est pas assez parfaite pour que l'individu qui veut du travail soit assuré d'en trouver toute l'année, qui suffise à lui procurer le salaire nécessaire à son existence : en d'autres termes, comme l'a dernièrement fort nettement exprimé le congrès méridional, « *la condition d'existence de la*

majorité des individus sociaux est précaire »,
et d'un jour à l'autre la misère et la maladie viennent désoler le foyer le plus laborieux.

Voilà ce qui est un grand mal, et un mal bien lent et bien difficile à guérir ! Quand vous parviendriez (hypothèse absurde !) à réaliser en France l'impie et folle théorie de la loi agraire ou de la communauté des biens, il n'est pas douteux que la masse entière des richesses possédées aujourd'hui par la France, serait insuffisante à faire disparaître cette plaie rongeuse du prolétariat ; il faut donc, si l'on veut préparer sa guérison future, créer plus de richesse, et puisque le travail seul a cette puissance, l'unique chose praticable, c'est l'application graduelle et sage d'un système de politique intérieure et extérieure, dont le principe et le but soient la protection accordée en tout et pour tout au travail et aux travailleurs. Or, ni le système financier, ni le système douanier, ni le système électoral ne favorisent assez aujourd'hui les producteurs, ceux qui créent la richesse.

Les impôts ménagent trop le revenu net, et accablent les trois branches de l'industrie, le commerce, les manufactures, l'agriculture.

Le système douanier n'est plus guère qu'un tissu de priviléges, favorables au revenu net des grands propriétaires terriens, et contraires aux intérêts agricoles, commerciaux et manufacturiers.

Enfin, le système électoral confie exclusivement le droit de faire la loi aux hommes le plus intéressés à perpétuer sans fin la domination absolue de la bourgeoisie.

Telle est la triple réforme dont se compose aujourd'hui le programme des hommes sincèrement amis de leur pays, partisans de l'ordre et de la paix, et qui veulent, par conséquent, dans son intégrité, la représentation de toutes les classes et de tous les intérêts sociaux.

Nous sommes fort éloignés, au reste, de souhaiter la chute immédiate de la domination bourgeoise, ou de regretter son intronisation : nous lui croyons une mission longue, utile et marquée dans la succession des périodes progressives que doit traverser la société française ; seulement nous lui demandons de ne point faire obstacle au progrès, sous prétexte de sa propre conservation ; nous lui demandons d'accomplir sans arrière-pensée l'œuvre pour laquelle nous la croyons revêtue des lambeaux de la pourpre royale, de ne point se fermer les yeux ni se boucher les oreilles de peur de voir ou d'entendre les besoins du peuple, et de maintenir l'esprit d'ordre et de conservation sans mettre aux fers l'esprit d'innovation et d'avancement.

Deux choses soutiennent, et long-temps encore soutiendront, la domination bourgeoise : d'abord la légitimité, ou si l'on aime mieux la nécessité transitoire de son intervention dans le monde politique et moral ; en second lieu, l'effroi d'un bouleversement social, et la peur de la république. Un grand nombre de manufacturiers, de commerçans, d'agriculteurs, de savans, de travailleurs, en un mot, ne sont fidèles au drapeau de la bourgeoisie que par cette raison : comme ils ne voient flotter que deux étendards, celui des conservateurs à tout prix, et celui des novateurs à tout prix, ils vont au premier par effroi du second, et souvent déplorent tout haut la nécessité à laquelle ils obéissent.

Fort heureusement la Providence n'a point placé la France devant ce dilemme absolu : ou le régime de 93, ou le régime de 1834 ; ou Robespierre et le comité de salut public, ou M. Guizot et le cabinet remanié du 11 octobre : l'avenir fleurit parmi nos ruines politiques et morales : dans la dégradation lente dont tous les partis subissent l'influence, tout n'est point décomposition ; à mesure que les couleurs tranchées des partis anciens pâlissent, et que leurs formes saillantes s'effacent, un parti nouveau s'élève et se constitue : le parti du progrès, le *parti social !*

Depuis juillet 1830, le déclin du parti légitimiste est rapide et visible : je ne parle point des désappointemens que lui ont apportés les événemens de chaque mois ; ni de la division intestine établie entre ses organes le plus accrédités ; ni de la grossesse de la mère de son roi , qui restera fameuse dans l'histoire, pour avoir marqué d'un ridicule solennel la théorie croulante de la légitimité par droit de naissance; je ne veux faire allusion qu'aux modifications que les plus habiles légitimistes, forcés par les événemens, ont eux-mêmes introduites dans leur théorie morale et politique, pour la mettre en harmonie avec les besoins du siècle.

Qui demande aujourd'hui plus chaudement que le parti légitimiste le suffrage universel? Qui réclame avec plus de feu la complète représentation de tous les intérêts? Qui fulmine de plus éloquens anathèmes contre les monopoles de toute espèce et les priviléges de toutes couleurs? Qui se montre partisan plus déclaré de la liberté ? ennemi plus acharné du despotisme et de l'autorité illimitée de la monarchie pure?

Disons mieux, la théorie du droit de naissance, base et fondement de tout l'édifice, n'est plus soutenue franchement et dans sa rigueur que par la *vieille France*; la *jeune France* a dépouillé, sans respect ni pitié, cette antique théorie de la divine auréole, dont jadis l'entourait le respect des peuples : ils l'ont traîné eux-mêmes des ombres mystérieuses du sanctuaire jusque sur la place publique : le droit de la naissance n'est plus pour eux un droit divin : disciples de Voltaire, ils rient de voir le catholique de Maistre se courber, avec sérieux et respect, devant l'ineffaçable sceau dont la main divine marque, dit-il, les royales descendances : le droit de naissance se rapetisse jusqu'à n'être plus qu'un simple moyen d'ordre, qu'une sorte de compromis irréligieux, pareil à celui que passent deux bandes d'enfans qui, plutôt que

de se disputer à coups de poing, la posses-
sion d'un jouet, la tirent à la courte-paille?
Quelques pas encore, et la théorie légitimiste du droit de naissance deviendra si
voisine de la théorie du plus capable, qu'elle
pourra naturellement se combiner avec la
théorie libérale de l'élection !

Pour avoir aussi fidèlement conservé le
nom et les symboles de la république que
les légitimistes ont fait de ceux du droit
de naissance, les républicains de 1834 ne
ressemblent pas plus aux hommes de 93
que nos jeunes légitimistes, aux royalistes
de 1815.

On peut dire avec vérité que le parti
républicain devient à la fois plus radical
et moins révolutionnaire : sa critique de
l'ordre social est aujourd'hui beaucoup plus
réelle, beaucoup plus profonde ; mais ses
idées organisatrices sont moins violentes

et surtout beaucoup plus raisonnables et plus mûres. Vous trouverez bien encore dans la multitude des républicains, des descendans de St-Just; de ces hommes sombres, austères, inflexibles, d'une vertu fanatique, crédule, et qui n'est plus de ce temps; rêvant pieusement le règne de l'égalité absolue; inscrivant de sang-froid sur leur drapeau, la sanglante et folle devise, *liberté, fraternité ou la mort;* rayant d'un trait de plume le passé tout'entier; prêts à faire partout et sur tout'table rase, et prenant avec un naïf orgueil leur étroite personnalité pour type absolu d'un monde régénéré; mais ces sentimens qui furent en 93 ceux des chefs du parti républicain, et par conséquent les sentimens typiques du parti, sont aujourd'hui descendus dans les rangs des partisans les plus inférieurs : les hautes intelligences, les capacités politiques, dont le parti de la république s'honore, aux yeux même de ses adversaires, commencent à professer les maximes d'une morale plus haute et plus vraie. Les événemens de Lyon en novembre 1831, ceux des 5 et 6 juin 1832 à **Paris**, le grand désastre dont Lyon vient cette année encore de présenter à la France le douloureux, mais instructif, spectacle; enfin la réprobation dont le corps électoral a voulu frapper, dans les dernières élections, la violence du parti républicain, jusqu'à repousser de la chambre l'honorable et vertueux d'Argenson; tous ces faits n'ont point passé sans laisser une vive leçon dont les plus avancés et les plus généreux parmi les républicains, feront leur profit.

Certes le parti républicain, même dans sa portion la plus progressive, garde bien encore quelques traits de cette raide et sévère

inflexibilité dans laquelle on a fait long-
temps consister toute la vertu : il y a du
puritanisme et quelque peu de sans-culo-
tisme dans les *paroles d'un croyant* par
exemple , mais cependant l'observateur
attentif et de bonne foi découvre chez les
républicains les symptômes d'un progrès
qu'il n'avaient pas fait encore , vers les deux
vertus qui leur manquent le plus , la patience et la douceur : eux aussi commencent à comprendre que le bien , le vrai, la
vertu , ont plusieurs faces , et ne veulent
point qu'on les adore exclusivement sous
une seule.

Pour beaucoup de ceux qui le prononcent avec le plus de ferveur, le mot de
république n'est plus guère autre chose
qu'un drapeau d'avenir et de progrès ,
et non plus l'entière et rigide formule
d'une société constituée de toutes pièces , et

venant, intolérante et brutale, se substituer en tout, par tout, sur tout, à une société démolie et rasée.

Enfin, ne range-t-on point quelquefois aujourd'hui, sous l'élastique dénomination de républicains, cette masse flottante, et tous les jours plus considérable, qui, sans négliger les questions de forme gouvernementale, ne se passionne exclusivement ni pour ni contre aucune, et s'attache surtout à opérer sans secousse politique le progrès social !

Il est donc vrai que, depuis quatre ans, pour avoir l'un et l'autre fréquemment échoué dans leurs tentatives de renversement, le parti républicain et le parti légitimiste ont singulièrement modifié leurs sentimens et leurs théories : mettez à part les fanatiques qui se font une religion de leur inflexible fidélité à l'orthodoxie des vieilles doctrines, et la multitude qui tôt ou tard se laisse dominer et conduire par les cœurs les plus généreux et les intelligences les plus fortes; et vous trouverez que la nuance légitimiste et la nuance républicaine, grâce au progrès général des sentimens et des idées, ont une tendance, encore bien faible, il est vrai, à se confondre en une nuance nouvelle (1).

(1) Cette tendance devient, chaque jour, plus manifeste; voici la lettre remarquable, publiée, ces jours derniers, dans plusieurs journaux de Paris, par M. Janvier, candidat légitimiste, élu à Montauban :

« Messieurs,

« C'est pour moi un devoir et un bonheur de vous exprimer ma profonde reconnaissance ; aussi j'attendais impatiemment l'anonce certaine de mon élection dans votre collége.

Il y a plus, le même phénomène se passe dans le juste-milieu : on est du juste-milieu, quand on ne veut ni des théories

» Je vous l'avouerai, je n'osais attacher que de faibles espérances à la candidature qu'une partie de vous m'avait offerte et que j'avais acceptée. Vous me pardonnerez une injuste défiance : je supposais que parmi vous les hommes de bien et de cœur étaient encore séparés violemment les uns des autres par leurs dissidences en religion et en politique. Quel noble exemple d'union vous avez donné, au contraire, et combien je me félicite et je suis honoré d'avoir rallié à mon nom des suffrages qui de loin me semblaient devoir se repousser mutuellement!

» Les esprits vulgaires s'étonneront en effet que cette alliance se soit accomplie; ils la réprouveront avec toutes les qualifications que peuvent inventer la colère et la calomnie. Vous êtes, messieurs, placés au-dessus de ces clameurs; vous avez conscience d'être resté fidèles à vous-mêmes. Nul de vous n'a trahi sa foi catholique ou protestante, populaire ou royaliste, en s'alliant à des adver-

légitimistes, ni des théories républicaines ;
mais si les théories légitimistes et républicaines se modifient ; si ces deux points

saires désormais convaincus que la liberté pour tous,
peut seule assurer le triomphe de la vérité en tout.

» Cette pensée eût été féconde en résultats élec-
toraux, si elle eût été universellement comprise.
Elle le sera de plus en plus : déjà elle l'a été sur
divers points du royaume ; mais nulle part elle n'a
été mise en pratique avec la loyauté et l'énergie
que vous avez montrées. Il est glorieux pour vous
d'avoir pris cette initiative d'un mouvement si
rationel et si national.

» Loin de décliner l'origine de mon mandat,
je la proclame avec orgueil ; une autre se fût mal
accordée avec mes antécédens et mes opinions.
Je vous le dis après comme avant mon élection :
*Je n'ai jamais été l'homme d'aucun parti ; je serai
toujours avec le parti qui me semblera le plus, vouloir et pouvoir réaliser les principes d'ordre et de
progrès social, auxquels je suis dévoué par-dessus
tout.*

» Cette conduite a son explication dans l'ardent

extrèmes, *légitimité par droit de naissance et république*, se meuvent, le point intermédiaire, le *juste-milieu*, doit aussi se déplacer.

besoin de trouver les meilleurs auxiliaires pour l'œuvre de la civilisation française, qui est la civilisation du monde entier. J'ai constamment préféré à l'unité des moyens, l'unité des idées, de telle sorte que les contrastes apparens de ma vie politique en sont les harmonies les plus réelles.

» Vous me rendrez, messieurs, ce témoignage, que je n'ai sollicité l'honneur d'être votre député, qu'à condition d'être choisi comme un symbole de tolérance et d'affranchissement. Je ne faillirai à aucune de mes promesses. Je les renouvelle solennellement, mais vous n'exigerez pas de moi que j'accepte l'une ou l'autre de ces dénominations et classifications qui naguère ont été par astuce officielle assignées aux membres de la législature nouvelle. La France ne saurait être dupe de ce machiavélisme qui tend à diviser ce qui est uni, et à confondre ce qui est divisé.

» Quant à moi je comprends et j'espère une opposition modératrice et réformatrice à la tête

On est du juste-milieu, quand on aime et
veut la paix; quand on comprend que le règne de la guerre est passé, et que la France

de laquelle marcheront à la fois Royer-Collard,
Mauguin, Berrier, Barrot, Fitz-James, Clauzel,
Lamartine, Pagès, Hennequin, Dupont, Laffite,
Arago, etc., etc. Il est quelques noms que dès
aujourd'hui je voudrais pouvoir inscrire sur cette
liste éclatante : ils appartiennent de droit à la
bonne cause, elle ne cessera de les revendiquer
pour elle.

» Je serai un des soldats de cette phalange,
puissante des vertus et des talens de ses chefs.

» Qu'importe qu'elle n'ait pas l'autorité du
nombre dans la chambre, elle le conquerra dans
le pays et finira par introduire le pays dans la
chambre.

» Ce doit être là son but fondamental; tant
qu'il ne sera pas atteint, l'opposition sera ré-
duite à d'utiles, mais insuffisantes protestations
en faveur des intérêts nationaux. La France
représentée dans tous ses élémens, aurait seule
l'intelligence et la force dont restera dépourvue

a mieux à faire que de ressaisir par les armes ses vieilles conquêtes sur le Rhin ; on
peut donc être du juste-milieu, et cela se

une représentation factice, quelles que soient d'ailleurs les qualités de ceux qui la composent. La
demande d'une réforme parlementaire ne dégé-
nérera jamais dans ma bouche, en injure contre
des hommes personnellement dignes de la con-
fiance et de l'estime de leurs concitoyens; mais qui
sont fatalement placés à un point de vue exclusif.
Par une loi des choses humaines, au lieu de ce
désintéressement et de cette élévation qu'ils mon-
trent dans leurs relations privées, ils apportent
dans les affaires publiques l'égoïsme et l'étroitesse
que suggère l'esprit de *classe*, cette transforma-
tion moderne de l'esprit de *caste*.

» Pour que le véritable esprit de société domine
dans la législation et le gouvernement, il faut que
tous soient appelés par leurs mandataires au grand
conseil de la nation. Là, il n'y aura plus ces majo-
rités immobiles qui changent les délibérations en
une formalité dérisoire : la majorité sera successi-
vement décomposée et recomposée sous l'unique
inspiration du bien public.

voit tous les jours, sans approuver en aucune façon la marche rétrograde du ministère actuel , sans déserter la cause du pro-

» Ce système n'est pas une théorie abstraite ;
il a ses racines dans notre histoire. Jusqu'à son
établissement, les délégués de l'électorat actuel
auront la mission de préparer celle de leurs
successeurs légitimes. Nous aborderons, mais sans
nous flatter de leur solution définitive, les questions relatives à la puissance et à la dignité exté-
rieures de la France, à ses garanties de paix
et de liberté intérieures, à une meilleure assiette
et à une meilleure dépense de l'impôt, à la prospérité agricole et industrielle, à la satisfaction des
besoins religieux et intellectuels , enfin au développement parallèle et complet de l'ordre maté-
riel et de l'ordre moral , si dédaigné par nos
gouvernans et qui pourtant *est la vie des nations*.

Je me dois à moi-même et à vous aussi, messieurs, de déclarer que fidèle à mon serment, je ne
tenterai rien par les voies révolutionnaires. Je per-
sévérerai loyalement dans les voies constitution-
nelles, mais le principe de la constitution est supé-

grès, sans cesser de vouloir l'émancipation des classes laborieuses.

Parmi ceux que le gouvernement actuel

rieur à ses formes. Il permet, il prescrit toutes les *rénovations* et toutes les *innovations* que la France croira nécessaires et salutaires. Sans contredit, c'est le caractère éminent de notre constitution, celui sans lequel mes convictions philosophiques m'interdiraient d'engager ma foi envers elle, de n'établir qu'une souveraineté conditionnelle, dont chaque citoyen reste le juge indépendant; mais dont il ne pourrait sans crime chercher le renversement par la violence. Le droit individuel des Français, sous la charte qui les régit, consiste à à s'adresser pacifiquement à la raison publique, sauf à concourir, quand elle a prononcé, à l'exécution de ses arrêts.

« Tels sont, messieurs, les principes dont mes discours et mes actes parlementaires, seront la conséquence. Je satisferai ainsi à ce qu'il y a de général et de généreux dans les motifs de mon élection.

» Daignez compter sur moi : je serai votre représentant fidèle,

» Agréez, etc.　　　　　　　Eugène Janvier. »

compte pour amis, et qui de fait verraient avec peine son renversement, moins par attachement pour lui que par souci des intérêts sociaux, vous trouverez bon nombre de gens calmes, raisonnables, point trembleurs surtout, habitués à lire dans l'avenir sans se contenter du présent, qui sont fort las de nos haines et de nos dissensions, fort disposés à s'unir avec les sommités des partis républicain et légitimiste, à mesure que celles-ci abandonneront ce qu'il y a d'exclusif et de dangereux dans leurs projets; qui comprennent très-bien enfin qu'il leur appartient de servir d'intermédiaires, et que telle est peut-être la seule issue pacifique ouverte à la politique du jour.

(¹) De ces hommes de tous les partis,

(1) J'ai déjà publié dans le numéro du *journal du Commerce* du 2 juillet, un long article sur l'ave-

qu'un noble pressentiment d'avenir enlève aux vieilles querelles, et dégoûte, au fur et à mesure, des théories haineuses du passé, il se forme jour par jour au sein de la France un parti nouveau, qui chaque année se recrute encore des générations nouvelles. Des partis anciens il n'en restera bientôt plus un seul assez vivace, assez noble, assez grand pour que l'enthousiasme et l'ardeur de la jeunesse se viennent enrôler sous sa bannière : les hommes de 1825 sont usés ; il faut à la jeunesse un drapeau nouveau, et ce drapeau commence à flotter.

Le *parti social* est partout et nulle part : partout il élève la voix, partout il sort des langes, il s'essaye, il se constitue : nulle

nir du parti social, que plusieurs journaux ont reproduit, et qui contient les principales idées que l'on va lire.

part il n'est constitué ; nulle part il n'arbore des couleurs à lui ; mais en attendant il fait des livres (1), des journaux quotidiens (2), des revues mensuelles (3), des congrès (4), et déjà même, en plus d'un lieu, des députés !

(1) *Politique rationnelle* de M. de *Lamartine. Essai sur Mirabeau,* par *V. Hugo.* Les ouvrages de *Ballanche.*

(2) A Paris, le *Messager,* le *Journal du Commerce,* quelquefois le *Temps;* en province, le *Breton* et l'*Ami de la Charte,* à Nantes ; l'*Industriel* à Verdun (S. Saône), etc., etc.

(3) La *Revue Encyclopédique,* la *Revue du Progrès social,* la *Revue des Deux-Mondes.*

(4) Les *congrès scientifiques,* que l'on devrait plus justement appeler *congrès sociaux,* donneront d'excellens fruits partout où les amis du progrès national sauront les soustraire à l'influence ministérielle ; ils développeront l'esprit d'association, ils faciliteront l'avènement des capacités, ils ouvriront un théâtre d'un accès facile au mérite le plus

Deux choses caractérisent profondément ce parti : un grand dégoût des vieilles querelles politiques; le désir sincère de combler lentement, pacifiquement; les lacunes nombreuses de l'ordre social actuel. Le parti social n'a point de préjugés politiques; il est neuf en toute chose, et cependant plein d'expérience des institutions et des hommes : vous ne le verrez pas exclusivement passionné pour une forme gouvernementale quelconque, prétendre l'imposer à tous les lieux, à tous les temps, à tous les peuples : non qu'il dédaigne la forme ou qu'il en montre peu de souci; au

ignoré, au talent le plus enfoui. Nous espérons que ces utiles institutions se propageront rapidement dans toutes les parties de la France, et nous avons lu avec un vif plaisir, ces jours derniers, l'annonce des deux congrès qui doivent encore, cette année, se tenir, l'un à Poitiers, l'autre à Douai.

contraire, il la veut partout assez élastique pour se prêter au progrès de l'association, aux allures parfois capricieuses de la liberté; mais le nom de monarchie, pas plus que celui de république, ne le fait tomber en syncope, il s'arrête peu aux mots et va droit aux choses : surtout il n'est pas exclusif, et il veut que toute opinion, toute intelligence, tout intérêt, ait sa représentation et son droit de cité ?

Avant toute chose, le parti social sent la nécessité, mais aussi la difficulté, d'établir et de maintenir une plus complète solidarité entre les divers étages de la société ; il comprend le règne de la bourgeoisie, mais il ne croit sa domination, ni exclusive, ni éternelle. La propriété, l'industrie, les arts et les sciences ; voilà les divers intérêts autour desquels roulent tout le présent et l'avenir de la société; le parti social veut donc

que les **propriétaires**, les industriels , les
artistes et **les savans**, aient une action politique , et que la balance entre ces divers
intérêts soit tenue d'une main assez ferme
pour que jamais on ne fasse à l'un d'eux le
sacrifice absolu d'aucun autre.

Le parti social ne perd point son temps
en oiseuses déclamations sur le sort des
prolétaires ; il n'exagère point follement
la condition précaire, assez déplorable par
elle-même , de tant d'hommes et de tant de
femmes ; mais il ne prend point non plus
avec un égoïsme sec et dur la défense absolue des hommes de loisir : il ne trouve
point que ce soit chose bonne et à jamais
sacrée, qu'en une même société d'hommes,
quelques-uns puissent, à leur fantaisie ,
manger un million de revenu annuel,
tandis que d'autres, à force de labeur, ont
à peine de quoi dîner !

Au lieu de séparer en deux camps ennemis ces deux classes, et de creuser plus profondément la ligne de démarcation qui les
sépare, il travaille, au contraire, à l'effacer : il comprend que l'œuvre de 89 n'est
pas achevée, et que les conséquences véri-
tables de la révolution de juillet sont précisément cet achèvement.

A ceux qui, dans leur impatience, mau-
dissent la lenteur des voies pacifiques, le
parti social remontre qu'avec la meilleure
volonté du monde, la France n'est pas encore assez riche, pour que la patrie puisse
y payer complètement à tous ses enfans, la
triple dette qu'elle contracte à la naissance
de chacun d'eux, savoir : l'éducation, le travail assuré, et la sécurité pour les jours de
la vieillesse; il leur fait sentir la nécessité
de marcher au jour le jour : il leur expli-
que comment tant de révolutions passées

se sont perdues par emportement : il leur
montre dans la puissance créatrice des trois
industries, manufacture, commerce, agriculture; dans la prospérité des sciences et
des arts, le levier qui doit porter le monde
politique sur des bases nouvelles : et patient
en face de l'avenir, il demande pour le présent, que la question politique devienne
plus sociale; il réclame l'affranchissement
de l'industrie, par la destruction des priviléges qui la garrottent, et l'organisation
qu'elle demande; la répartition de l'impôt
calculée en sa faveur; la réforme parlementaire, comme préambule nécessaire de la
réforme industrielle et financière. Le parti
social veut enfin que les forces improduc-
tives, perdues à organiser pour la guerre
des moyens de destruction, se tournent peu-
à-peu, par suite de l'amélioration générale
du système politique, à organiser pour la

paix des moyens de production ; assuré que
la liberté sera grande , quand la nation sera
riche , et que les plus épineuses questions
de l'ordre social actuel n'ont de solution
possible, que par un large développement
de notre puissance industrielle , par une
rapide multiplication de nos capitaux , et
surtout par l'introduction dans nos mœurs
des habitudes laborieuses qui nous manquent.

Des mêmes principes découle pour l'ex-
térieur un système aussi fécond et aussi
complet : sceller par l'association industrielle et la chute progressive des barrières
de douane , l'alliance des peuples libres
contre les rois absolus, si bien commencée
déjà entre la France, l'Espagne , le Portu-
gal , l'Angleterre , la Belgique, la Suisse,
et bientôt peut-être le royaume Napolitain ;
installer en place de la propagande guer-

rière ou conspiratrice , la propagande commerciale , en voilà le fondement!

Au peuple le plus moral , le plus indus-
trieux , le plus intelligent, le premier
rôle ; et , dans un avenir prochain , la puissance prépondérante qui fut naguère au
plus belliqueux ; telle en est l'espérance !

Le peuple infatigable et cosmopolite des
travailleurs , peuple répandu dans tous les
climats , parlant toutes les langues , prati-
quant tous les cultes , portant toutes les
cocardes ; peuple caché au sein de tous les
peuples , pour les pousser tous , à leur
insu , et au sien peut-être , vers la paix et
l'association ; peuple qui n'a partout qu'un
intérêt et qu'une volonté , produire pour
consommer , et consommer pour produire ;
voilà les missionnaires de la nouvelle propagande !

Les chemins de fer, les canaux, les télégra-

phes les routes qui portent avec nos pro-
duits nos sentimens et nos idées jusqu'au
cœur des nations les plus engourdies, jusqu'au pied des trônes les plus absolus; voilà
ses moyens d'action !

Et maintenant reste à savoir quelle est la
mission prochaine de ce parti naissant ? Sa
croissance sera-t-elle assez vigoureuse, et
son développement assez rapide, pour qu'il
puisse à temps intervenir de façon énergique et puissante entre la bourgeoisie juste-
milieu, et la république prolétaire ?

En lui supposant cet accroissement rapide
et cette prompte invasion du pouvoir,
le gouvernement actuel saura-t-il, et comprendre le danger de sa position, et accep-
ter à propos les nobles et progressives conditions, auxquelles le parti nouveau met-
tra son appui ? Dieu le veuille ! car la quasi-
victoire électorale de cette année ne doit

pas faire illusion ; si la lutte engagée aujourd'hui continue sur le même terrain ; avec le même caractère de haine et d'intolérance ; avec le même dessein arrêté de recourir comme dernière raison à la force matérielle , et de refouler tous progrès à coups de baïonnette ou de lois d'exception ; il se pourrait faire que le parti social , au lieu de prévenir la catastrophe , n'eût pour destinée que d'en réparer les sanglans débris !

FIN.